# essentials

*Essentials* liefern aktuelles Wissen in konzentrierter Form. Die Essenz dessen, worauf es als „State-of-the-Art" in der gegenwärtigen Fachdiskussion oder in der Praxis ankommt. *Essentials* informieren schnell, unkompliziert und verständlich

- als Einführung in ein aktuelles Thema aus Ihrem Fachgebiet
- als Einstieg in ein für Sie noch unbekanntes Themenfeld
- als Einblick, um zum Thema mitreden zu können

Die Bücher in elektronischer und gedruckter Form bringen das Fachwissen von Springerautor*innen kompakt zur Darstellung. Sie sind besonders für die Nutzung als eBook auf Tablet-PCs, eBook-Readern und Smartphones geeignet. *Essentials* sind Wissensbausteine aus den Wirtschafts-, Sozial- und Geisteswissenschaften, aus Technik und Naturwissenschaften sowie aus Medizin, Psychologie und Gesundheitsberufen. Von renommierten Autor*innen aller Springer-Verlagsmarken.

Anton Mackert

# Erfolgreich auf Online-Marktplätzen

Eine Einführung für Unternehmen:
Strategien, Ziele und Umsetzung

 Springer Gabler

Anton Mackert
Digi Minds LLC
St. Petersburg, FL, USA

ISSN 2197-6708          ISSN 2197-6716   (electronic)
essentials
ISBN 978-3-658-45713-6          ISBN 978-3-658-45714-3   (eBook)
https://doi.org/10.1007/978-3-658-45714-3

Die Deutsche Nationalbibliothek verzeichnet diese Publikation in der Deutschen Nationalbiblio-
grafie; detaillierte bibliografische Daten sind im Internet über https://portal.dnb.de abrufbar.

Planung/Lektorat: Imke Sander
Springer Gabler ist ein Imprint der eingetragenen Gesellschaft Springer Fachmedien Wiesbaden
GmbH und ist ein Teil von Springer Nature.
Die Anschrift der Gesellschaft ist: Abraham-Lincoln-Str. 46, 65189 Wiesbaden, Germany

# Was Sie in diesem *essential* finden können

- Eine kompakte Einführung in die grundlegenden Strategieüberlegungen
- Die Bedeutung klar definierter Ziele
- Kannibalisierungseffekte und deren Einflussfaktoren
- Die Relevanz von Servicestandards auf Online-Marktplätzen
- Die Herangehensweise zur Kundengewinnung

# Vorwort

Herzlich willkommen zu diesem einführenden Werk „Erfolgreich auf Online-Marktplätzen"! Es ist mir eine große Freude, Sie auf eine spannende Reise durch die dynamische und stets wachsende Welt der Online-Marktplätze mitzunehmen – in diesem Essential, wie der Name schon sagt, auf das Wesentliche zusammengefasst. Hier erwarten Sie Einblicke und Strategien, die Ihnen dabei helfen, sich in diesem komplexen Umfeld zurechtzufinden oder bestehende Strategien zu optimieren. Ob Startups, kleine Unternehmen, E-Commerce-Manager oder Marketing-teams, das Ziel dieses Werkes ist es, diesen verschiedenen Zielgruppen zu helfen, ihre Marktposition zu stärken, ihre Reichweite zu maximieren, die Kundenzufriedenheit zu erhöhen und langfristige Erfolge zu erzielen.[1]

Die COVID-19-Pandemie hat den Online-Handel auf den Kopf gestellt und die Bedeutung von Marktplätzen wie Amazon, OTTO.de, Kaufland und Zalando enorm gesteigert. Viele Unternehmen haben die Herausforderung angenommen und ihre Präsenz auf diesen Plattformen massiv ausgebaut. Und genau hier setzt dieses essential an: Wir möchten Ihnen helfen, Ihre Marktposition zu stärken und weiter zu wachsen.

In der ständig wechselnden und wettbewerbsintensiven Landschaft der Marktplätze ist es für Marken unerlässlich, ihre Strategien kontinuierlich zu überdenken

---

[1] PS: Zur besseren Lesbarkeit wird in diesem essential das generische Maskulinum verwendet. Die verwendeten Personenbezeichnungen beziehen sich – sofern nicht anders kenntlich gemacht – auf alle Geschlechter.

und zu optimieren. Dieser Leitfaden soll Ihr Kompass in diesem aufregenden Abenteuer sein, sodass Sie sich in der Welt der Online-Marktplätze sicher navigieren können.

Natürlich gibt es auf diesem Weg auch Herausforderungen, aber mit der richtigen Strategie, fundiertem Wissen und einer ordentlichen Portion Engagement werden Sie diese meistern. Mein Ziel ist es, Ihnen nicht nur theoretisches Wissen zu vermitteln, sondern auch praktische Tipps und Tricks, die Sie sofort anwenden können.

Lassen Sie uns gemeinsam dafür sorgen, dass Ihre Präsenz auf den Marktplätzen glänzt, Ihr Umsatzpotenzial maximiert wird und Sie langfristige Erfolge feiern können.

Auf geht's – viel Spaß und Erfolg beim Lesen und Umsetzen der hier gewonnenen Insights!

Juni 2024                                                                               Anton Mackert

# Inhaltsverzeichnis

# Über den Autor

 **Anton Mackert** ist ein erfahrener E-Commerce-Experte und strategischer Denker mit Leidenschaft für die Optimierung und Entwicklung von Online-Marktplätzen. Mit technischen Fähigkeiten und umfangreichen Kenntnissen in diesem Bereich hat Anton erfolgreich nationale und internationale Marktplätze implementiert und verwaltet, was ihn zu einem angesehenen Fachmann in der E-Commerce-Branche macht.

# Strategie

1

## 1.1 Die Bedeutung einer durchdachten Marktplatz-Strategie

Eine gut durchdachte Strategie ist der Schlüssel zum Erfolg in der aufregenden und wettbewerbsintensiven Welt der Online-Marktplätze. Händler mit einem klaren Plan steigern ihre Chancen auf Erfolg und Rentabilität erheblich. Die Auswahl des richtigen Marktplatzes für Ihre Produkte oder Dienstleistungen ist dabei entscheidend. Indem Sie gezielt Plattformen auswählen, die Ihre Zielgruppe ansprechen und Ihrer Marke eine starke Präsenz bieten, maximieren Sie Ihre Reichweite und sprechen potenzielle Kunden effektiv an.

Es ist wichtig, Ihre Strategie ständig zu überwachen und anzupassen. Märkte und Kundenpräferenzen verändern sich stetig. Nutzen Sie Verkaufsdaten und Kundenfeedback als wertvolle Quellen, um Ihre Strategie kontinuierlich zu verbessern und langfristigen Erfolg zu sichern.

## 1.2 Flexibilität und Anpassungsfähigkeit

Erfolgreiche Händler sind flexibel und anpassungsfähig. Sie erkennen Chancen und handeln schnell. In einer sich ständig verändernden Welt können Fehler teuer sein und das gesamte Geschäftsmodell gefährden. Händler, die agil reagieren und ihre Strategien zügig anpassen, haben einen klaren Wettbewerbsvorteil. Ob es darum geht, das Produktangebot zu aktualisieren, neue Vertriebskanäle zu erschließen oder die Marketingstrategie zu ändern – Flexibilität ist der Schlüssel.

© Der/die Autor(en), exklusiv lizenziert an Springer Fachmedien Wiesbaden 1
Gmbh, ein Teil von Springer Nature 2024
A. Mackert, *Erfolgreich auf Online-Marktplätzen*, essentials,
https://doi.org/10.1007/978-3-658-45714-3_1

Auch in Bezug auf Logistik und Fulfillment ist die Anpassungsfähigkeit
entscheidend. Händler, die schnell auf Nachfrageschwankungen reagieren und
effiziente Versandlösungen bieten, können die Kundenzufriedenheit erhöhen und
ihre Marktposition stärken.

## 1.3 Internationale Expansion: Herausforderungen und Chancen

Eine internationale Expansion bietet riesige Chancen, bringt aber auch Herausforderungen mit sich. Für den Einstieg in internationale Marktplätze ist eine
effiziente Prozessautomatisierung unerlässlich. Expertenhilfe kann hier wertvoll
sein, um den richtigen Ansatz zu finden und strategische Fehltritte zu vermeiden.

Die Auseinandersetzung mit unterschiedlichen rechtlichen und regulatori-
schen Rahmenbedingungen in verschiedenen Ländern kann herausfordernd sein.
Steuerbestimmungen, Verbraucherschutzgesetze und Handelsvorschriften variie-
ren und erfordern sorgfältige Planung und Compliance. Kulturelle Unterschiede
und lokale Marktbedingungen sind weitere Aspekte, die Händler berücksichtigen
müssen, um in neuen Märkten erfolgreich zu sein.

Doch die Belohnung ist groß: Neue Märkte zu erschließen kann die Reichweite und das Umsatzpotenzial erheblich steigern. Diversifizierung in verschiedene geografische Regionen kann das Risiko verringern, das mit einer starken
Abhängigkeit von einem einzelnen Markt verbunden ist.

## 1.4 Daten und Analysen in der Marktplatz-Strategie

Daten und Analysen spielen eine zentrale Rolle in der Entwicklung und Umsetzung einer erfolgreichen Marktplatz-Strategie. Die Fähigkeit, große Datenmengen
zu sammeln und zu analysieren, ermöglicht es Händlern, fundierte Entscheidungen zu treffen und ihre Strategien kontinuierlich zu optimieren.

Eine datengetriebene Entscheidungsfindung hilft Händlern, Markttrends zu
erkennen, Kundenpräferenzen zu verstehen und Wettbewerbsstrategien zu entwickeln. Durch den Einsatz von Analysetools können Händler Verkaufsdaten,
Kundenfeedback und Marktinformationen in Echtzeit auswerten. Dies ermöglicht
es ihnen, ihre Produktpalette anzupassen, Preise zu optimieren und Marketingkampagnen zielgerichtet zu gestalten.

Daten ermöglichen es Händlern auch, personalisierte Einkaufserlebnisse zu schaffen. Indem sie das Kaufverhalten und die Vorlieben ihrer Kunden analysieren, können sie maßgeschneiderte Empfehlungen und Angebote erstellen. Dies erhöht nicht nur die Kundenzufriedenheit, sondern fördert auch die Kundenbindung und Wiederkaufsraten.

Eine gründliche Wettbewerbsanalyse ist entscheidend, um sich in einem gesättigten Marktumfeld zu behaupten. Durch die Überwachung der Aktivitäten von Mitbewerbern können Händler ihre eigenen Stärken und Schwächen besser verstehen und gezielte Maßnahmen ergreifen, um sich von der Konkurrenz abzuheben.

Datenanalysen können auch dazu beitragen, betriebliche Effizienz zu steigern. Von der Lagerhaltung über die Logistik bis hin zum Kundenservice – durch die Identifizierung von Engpässen und ineffizienten Prozessen können Händler ihre Abläufe optimieren und Kosten senken.

## 1.5 Auswahl der richtigen Softwarelösung

Die Auswahl der passenden Softwarelösung ist ein entscheidender Schritt auf dem Weg zum Erfolg auf Online-Marktplätzen. In einer digitalen Welt, in der Effizienz und Schnelligkeit den Unterschied zwischen Erfolg und Misserfolg ausmachen können, ist eine integrierte und skalierbare Softwarelösung unerlässlich.

Bei der Auswahl der richtigen Softwarelösung sollten Unternehmen ihre spezifischen Bedürfnisse und Ziele berücksichtigen. Eine sorgfältige Analyse der Anforderungen hilft dabei, die passenden Anbieter zu finden, die nahtlos in bestehende Systeme und Prozesse integriert werden können. Plattformen wie z. B. ChannelAdvisor, Tradebyte oder plentymarkets bieten umfassende Integrationsmöglichkeiten und unterstützen eine zentrale Verwaltung von Listings und Bestellungen. Dies reduziert den manuellen Aufwand erheblich und stellt sicher, dass alle Informationen stets aktuell sind.

Die Automatisierung von Geschäftsprozessen ist ein weiterer entscheidender Faktor. Automatisierungslösungen können repetitive Aufgaben übernehmen, wodurch Fehler minimiert und die Effizienz gesteigert werden. Die Echtzeit-Synchronisation von Beständen und Preisen über alle Vertriebskanäle hinweg minimiert das Risiko von Überverkäufen und erhöht die Kundenzufriedenheit. Langfristig führt die Automatisierung zu signifikanten Kosteneinsparungen und einer verbesserten Betriebsführung.

Mit dem Wachstum eines Unternehmens steigen auch die Anforderungen an die Geschäftsabläufe. Skalierbare Softwarelösungen ermöglichen es Unternehmen, neue Vertriebskanäle schnell und effizient hinzuzufügen, ohne dass erhebliche zusätzliche Ressourcen erforderlich sind. Dies bietet einen entscheidenden Wettbewerbsvorteil, da Unternehmen flexibel auf Marktveränderungen reagieren und neue Chancen nutzen können.

Daten spielen eine zentrale Rolle in der Optimierung der Geschäftsstrategie. Softwarelösungen bieten oft umfassende Analyse- und Reportingtools, die wertvolle Einblicke in die Leistung von Produkten und Marketingkampagnen geben. Dies ermöglicht fundierte Entscheidungen und eine bessere Ressourcennutzung. Durch die kontinuierliche Überwachung und Analyse von Marktdaten können Unternehmen Trends erkennen, ihre Strategien anpassen und ihre Wettbewerbsfähigkeit steigern. Datengetriebene Entscheidungen können zu einem höheren Umsatz und einer besseren Marktdurchdringung führen.

Zusammenfassend lässt sich sagen, dass die Automatisierung und Zentralisierung von Geschäftsprozessen – richtig umgesetzt – zu erheblichen Kosteneinsparungen führen kann. Unternehmen können ihre Ressourcen effizienter nutzen und die operativen Kosten senken. Eine zentrale Plattform für die Integration und Verwaltung von Marktplätzen eliminiert redundante Prozesse und reduziert die Betriebskosten, was entscheidend für den Erfolg auf Online-Marktplätzen ist.

## 1.6    Praxisbeispiel: Auswahl des richtigen Marktplatzes

**Szenario:**
Ein (fiktives) Startup-Unternehmen namens „Handcrafted Elegance" stellt handgemachte Schmuckstücke her, die aus nachhaltigen Materialien gefertigt werden. Das Unternehmen ist in seiner Anfangsphase und hat begrenzte Ressourcen, um in Werbung und Marketing zu investieren. Die Gründerin, Lena, ist sich bewusst, dass die Wahl des richtigen Online-Marktplatzes entscheidend für den Erfolg ihres Unternehmens ist.

**Analyse und Entscheidung:**
Das Unternehmen beginnt mit einer umfassenden Marktanalyse, um den besten Marktplatz für seine Produkte zu finden. Es vergleicht verschiedene Plattformen wie Amazon, eBay und Etsy anhand folgender Kriterien:

1. **Zielgruppe:** Das Unternehmen identifiziert, dass seine Zielgruppe umweltbewusste Verbraucher und Liebhaber von handgemachten, einzigartigen Schmuckstücken sind. Durch ihre Recherche stellt es fest, dass Etsy eine starke Community von Käufern hat, die speziell nach handgemachten und nachhaltigen Produkten suchen.

2. **Marktplatz-Features:** Etsy bietet spezifische Features für Verkäufer von handgemachten Artikeln, wie personalisierte Shops und detaillierte Produktbeschreibungen. Zudem ermöglicht Etsy den Verkäufern, ihre Markengeschichte zu erzählen, was für „Handcrafted Elegance" besonders wertvoll ist.

3. **Kostenstruktur:** Das Unternehmen analysiert die Gebührenstrukturen der verschiedenen Plattformen. Etsy hat transparente und relativ niedrige Listungsgebühren sowie eine moderate Verkaufsprovision, was für das Startup finanziell sinnvoll ist.

4. **Wettbewerbsanalyse:** Das Unternehmen untersucht die Konkurrenz auf verschiedenen Plattformen. Auf Amazon und eBay gibt es eine überwältigende Anzahl von Schmuckverkäufern, viele davon mit industriell gefertigten Produkten. Auf Etsy hingegen findet es eine Nische, in der handgemachte Schmuckstücke besonders geschätzt werden

**Umsetzung:**

Basierend auf ihrer Analyse entscheidet das Unternehmen, seine Produkte exklusiv auf Etsy zu verkaufen. Es erstellt einen ansprechenden Etsy-Shop für „Handcrafted Elegance", der die Geschichte der Marke erzählt und die einzigartigen Eigenschaften der Produkte hervorhebt. Das Unternehmen nutzt hochwertige Fotos und detaillierte Beschreibungen, um die Produkte zu präsentieren.

**Kontinuierliche Strategie-Überwachung:**

Das Unternehmen ist sich bewusst, dass die Strategie regelmäßig überprüft und angepasst werden muss. Es setzt folgende Maßnahmen um:

1. **Verkaufsdatenanalyse:** Das Unternehmen überwacht kontinuierlich die Verkaufszahlen und identifiziert Trends in den beliebtesten Produkten. Es verwendet Etsys Analyse-Tools, um Einblicke in das Kaufverhalten der Kunden zu gewinnen.

2. **Kundenfeedback:** Das Unternehmen ermutigt seine Kunden, Bewertungen zu hinterlassen, und liest diese sorgfältig durch, um Verbesserungspotenzial zu identifizieren. Es reagiert schnell auf Feedback und nimmt gegebenenfalls Anpassungen an den Produkten oder der Präsentation vor.

3. **Marketingstrategien:** Das Unternehmen experimentiert mit verschiedenen Marketingstrategien, einschließlich Social-Media-Kampagnen und Etsy-
Werbeanzeigen. Es analysiert die Effektivität jeder Kampagne und passt die
Marketingmaßnahmen entsprechend an.
4. **Produkterweiterung:** Basierend auf den gesammelten Daten und dem Kundenfeedback erweitert Lena ihr Sortiment um neue Produkte, die den
Bedürfnissen und Vorlieben der Kunden entsprechen

**Ergebnis:**
Durch die gezielte Auswahl des richtigen Marktplatzes und die kontinuierliche
Überwachung und Anpassung der Strategie gelingt es Lena, ihre Marke erfolg-
reich zu etablieren. „Handcrafted Elegance" erreicht eine breite Zielgruppe von
umweltbewussten und stilbewussten Käufern, was bereits innerhalb des ersten
Jahres zu einem Umsatzanstieg führt.

# Ziele 2

## 2.1 Die Bedeutung klar definierter Ziele

Klare und präzise definierte Ziele sind entscheidend für Ihren Erfolg auf Online-Marktplätzen. Sie bieten Orientierung, helfen Ihnen, Ihre Ressourcen effektiv zu nutzen, Fortschritte zu verfolgen und langfristigen Erfolg zu sichern. Klare Ziele sind wie ein Kompass für Ihre Aktivitäten. Sie koordinieren Ihre Bemühungen und sorgen dafür, dass alle Beteiligten auf dasselbe Ziel hinarbeiten. Besonders in der hektischen und wettbewerbsintensiven Welt der Online-Marktplätze bieten präzise Ziele Orientierung und Fokus.

Gut definierte Ziele ermöglichen es Ihnen, Ihre Ressourcen effizient einzusetzen. Klare Prioritäten sorgen dafür, dass Zeit und Energie in die Bereiche investiert werden, die den größten Einfluss auf Ihr Geschäft haben. So steigern Sie Ihre Effizienz und vermeiden Verschwendung. Messbare Ziele sind essenziell, um Fortschritte zu verfolgen und den Erfolg zu bewerten. Sie ermöglichen eine objektive Beurteilung Ihrer Anstrengungen und fundierte Entscheidungen. Klare Kennzahlen helfen Ihnen, den Erfolg Ihrer Aktivitäten zu beurteilen und bei Bedarf strategische Anpassungen vorzunehmen.

Ziele dienen auch als Motivation und Inspiration. Ehrgeizige, aber realistische Ziele steigern das Engagement und die Leistungsfähigkeit. Sie halten die Motivation hoch und treiben kontinuierliche Verbesserungen an, was in einer Welt, die ständige Innovation und Anpassung erfordert, besonders wichtig ist. Klare Ziele fördern kontinuierliche Verbesserung. Sie überprüfen regelmäßig Ihre Leistung und passen Ihre Ziele an. Durch das fortlaufende Setzen und Verfolgen neuer Ziele entwickeln Sie sich stetig weiter und treiben Ihr Geschäft voran.

A. Mackert, *Erfolgreich auf Online-Marktplätzen*, essentials, https://doi.org/10.1007/978-3-658-45714-3_2

## 2.2    Rentabilität und Kostentransparenz

Rentabilität und Kostentransparenz sind entscheidend für Ihren Erfolg auf Online-Marktplätzen. Ein konsequentes Monitoring der Rentabilität und eine transparente Darstellung der Kosten helfen Ihnen, stabile und gewinnbringende Geschäftsmodelle zu entwickeln. So erkennen Sie, welche Bereiche profitabel sind und wo Verbesserungspotenzial besteht. Kostentransparenz ermöglicht fundierte Entscheidungen und effizienten Ressourceneinsatz. Sie verstehen besser, wie sich Entscheidungen auf die Rentabilität auswirken und wo Einsparungen möglich sind. Dadurch können Sie unnötige Ausgaben identifizieren und eliminieren, was Ihre Rentabilität steigert und Ihre Wettbewerbsfähigkeit verbessert.

Durch konsequentes Monitoring der Rentabilität und transparente Darstellung der Kosten können Sie langfristig stabile und gewinnbringende Geschäftsmodelle aufbauen. Konzentrieren Sie sich auf rentable Aktivitäten und nutzen Sie Ihre Ressourcen effizient, um Ihr Geschäft nachhaltig auszubauen und langfristigen Erfolg zu sichern.

## 2.3    Kurz- und langfristige Ziele

Erfolg auf Online-Marktplätzen erfordert sorgfältige Planung und konsequente Umsetzung von Zielen, die sowohl kurz- als auch langfristig orientiert sind. Diese Ziele sind entscheidend für nachhaltige Geschäftsmodelle.

**Beispiele für kurzfristige Ziele:**

- **Nutzerakquise und Sichtbarkeit erhöhen:** Investieren Sie gezielt in Marketingkampagnen wie bezahlte Werbung, um Ihre Produktpräsenz zu verbessern. Nutzen Sie Rabattaktionen und Promotions, um Aufmerksamkeit zu gewinnen und neue Kunden anzuziehen.
- **Optimierung des Produktangebots:** Analysieren Sie die Marktnachfrage und passen Sie Ihr Produktportfolio an. Neue, trendgerechte Produkte einzuführen und Low-Performance-Artikel auszusortieren, erhöht die Attraktivität Ihres Angebots.
- **Verbesserung des Kundenservice:** Entwickeln Sie einen zuverlässigen und schnellen Kundensupport. Bieten Sie verschiedene Kommunikationskanäle (Chat, E-Mail, Telefon) und ein kundenfreundliches Rückgabesystem an.

- **Optimierung der Logistik:** Gewährleisten Sie effiziente und kostengünstige Logistik, um schnelle Lieferzeiten und niedrige Versandkosten zu erreichen. Partnerschaften mit zuverlässigen Logistikdienstleistern und die Nutzung von Fulfillment-Diensten wie Fulfillment by Amazon (FBA) sind dabei hilfreich.
- **Preisoptimierung:** Nutzen Sie wettbewerbsfähige Preisgestaltungen, um den Umsatz zu maximieren. Dynamische Preis-Algorithmen und regelmäßige Überprüfungen der Konkurrenzpreise helfen Ihnen, sich an Marktbedingungen und Lagerbestände anzupassen.

**Beispiele für langfristige Ziele:**

- **Markenaufbau und -differenzierung:** Entwickeln Sie eine starke Markenidentität, die Kundenloyalität fördert und sich von der Konkurrenz abhebt. Investieren Sie in hochwertige Produktvisualisierungen, ausführliche Beschreibungen und professionelle Verpackungen. Nutzen Sie Social Media und Content-Marketing, um die Markenbekanntheit zu steigern.
- **Erweiterung des Produktportfolios:** Diversifizieren Sie kontinuierlich Ihr Angebot, um auf Markttrends zu reagieren und das Geschäftsrisiko zu minimieren. Marktanalysen helfen Ihnen, neue Produktmöglichkeiten zu identifizieren. Gehen Sie Partnerschaften mit Lieferanten ein und führen Sie Eigenmarken ein.
- **Diversifizierung der Vertriebskanäle:** Bauen Sie eine Multi-Channel-Vertriebsstrategie auf, um die Abhängigkeit von einem einzelnen Marktplatz zu verringern. Erweitern Sie Ihre Präsenz auf mehreren Marktplätzen wie Amazon, eBay, Zalando und Otto. Nutzen Sie Multi-Channel-Software und entwickeln Sie einen eigenen Online-Shop.
- **Technologische Innovation und Anpassung:** Setzen Sie neue Technologien ein und passen Sie sich an technologische Trends an, um Ihre Wettbewerbsfähigkeit zu erhöhen. Investieren Sie in Automatisierung für Lager und Bestellabwicklung, nutzen Sie Datenanalyse zur Optimierung von Geschäftsprozessen und setzen Sie KI-gesteuerte Chatbots für den Kundenservice ein.
- **Nachhaltigkeit und soziale Verantwortung:** Integrieren Sie umweltfreundliche und sozial verantwortliche Praktiken, um das Vertrauen und die Bindung der Kunden zu stärken. Führen Sie umweltfreundliche Verpackungen ein, nutzen Sie nachhaltige Materialien und unterstützen Sie soziale Projekte durch fairen Handel.

## 2.4    Chancen und Risiken des Marktplatz-Geschäfts

Online-Marktplätze haben eine beeindruckende Entwicklung durchlaufen und spielen eine zentrale Rolle in der globalen Wirtschaft. Sie bieten Unternehmen einzigartige Chancen, bringen aber auch spezifische Risiken mit sich. In diesem Kapitel beleuchten wir die wichtigsten Chancen und Risiken und zeigen, wie Sie erfolgreich navigieren können.

**Chancen:**

- **Erschließung neuer Märkte:** Online-Marktplätze ermöglichen es, Produkte und Dienstleistungen einem globalen Publikum anzubieten. Dies erleichtert die Expansion in neue Märkte ohne die Notwendigkeit, physische Präsenz in jedem neuen Markt aufzubauen.
- **Kosteneffizienz:** Marktplätze bieten eine Plattform mit etablierter Infrastruktur und großem Publikum. Unternehmen sparen hohe Kosten für den Aufbau einer eigenen E-Commerce-Plattform und profitieren von den Marketing- und Werbemaßnahmen des Marktplatzes.
- **Skalierbarkeit:** Durch die Nutzung von Marktplätzen können Unternehmen ihre Geschäftsaktivitäten schnell und effizient skalieren. Dies gilt sowohl für das Volumen der verkauften Produkte als auch für die geografische Reichweite.
- **Datenanalyse und Kundenverständnis:** Online-Marktplätze bieten wertvolle Daten über Kundenverhalten und -präferenzen. Diese Daten können genutzt werden, um Produkte und Dienstleistungen besser auf die Bedürfnisse der Kunden abzustimmen.

**Risiken:**

- **Abhängigkeit von Plattformen:** Ein wesentlicher Risikofaktor ist die Abhängigkeit von einer oder wenigen Plattformen. Änderungen in den Gebührenstrukturen oder den Nutzungsbedingungen können erhebliche Auswirkungen auf die Rentabilität haben.
- **Hoher Wettbewerbsdruck:** Auf Online-Marktplätzen herrscht intensiver Wettbewerb. Unternehmen müssen ständig ihre Preisgestaltung, Produktqualität und Kundenservice optimieren, um wettbewerbsfähig zu bleiben.
- **Verlust der Markenidentität:** Auf Marktplätzen besteht die Gefahr, dass die eigene Markenidentität verwässert wird. Investitionen in hochwertige Produktvisualisierungen, ausführliche Beschreibungen und professionelle Verpackungen können helfen, die Markenbekanntheit und Kundenbindung zu stärken.

- **Logistische Herausforderungen:** Integration und Verwaltung der Logistik über verschiedene Marktplätze hinweg kann komplex und kostspielig sein. Effiziente und kostengünstige Logistiklösungen sind notwendig, um schnelle Lieferzeiten und niedrige Versandkosten zu gewährleisten.

## 2.5 Praxisbeispiel: Ziele als Wegweiser

**Szenario:**
Ein mittelständisches Unternehmen namens „EcoHome" verkauft umweltfreundliche Haushaltsprodukte. Das Unternehmen möchte seine Online-Präsenz auf Amazon und eBay stärken und langfristig ein stabiles Wachstum erzielen.

**Zielsetzung:**
Um die Ziele klar zu definieren und den Fortschritt messen zu können, setzt sich das Unternehmen spezifische, messbare, erreichbare, realistische und zeitgebundene (SMART) Ziele.

**1. Umsatzsteigerung:**

Kurzfristig: Steigerung des monatlichen Umsatzes um 20 % innerhalb der nächsten sechs Monate.
Langfristig: Verdoppelung des jährlichen Umsatzes innerhalb von drei Jahren.

**2. Kundenzufriedenheit:**

Kurzfristig: Erhöhung der durchschnittlichen Bewertung auf Amazon und eBay von 4,2 auf 4,5 Sterne innerhalb eines Jahres.
Langfristig: Aufbau eines Kundenbindungsprogramms zur Erhöhung der Wiederkaufrate um 30 % innerhalb von zwei Jahren.

**3. Markenbekanntheit:**

Kurzfristig: Erhöhung der Social-Media-Follower um 50 % innerhalb von sechs Monaten.
Langfristig: Steigerung der Markenbekanntheit durch gezielte PR-Kampagnen und Kooperationen mit Influencern, um die Online-Sichtbarkeit in den nächsten zwei Jahren zu verdreifachen.

**Umsetzung und Überwachung:**
Um diese Ziele zu erreichen, implementiert „EcoHome" eine Reihe von Maßnahmen speziell für die Online-Marktplätze Amazon und eBay:

1. **Verkaufsfördernde Maßnahmen:**
   - **Sonderaktionen und Rabatte:** Regelmäßige Sonderaktionen und Rabattangebote werden auf Amazon und eBay eingeführt, um neue Kunden anzulocken und den Umsatz zu steigern. Diese Aktionen werden über die jeweiligen Marktplatz-Tools beworben.
   - **Amazon Sponsored Products und eBay Promotions Manager:** Zielgerichtete Werbekampagnen werden geschaltet, um die Sichtbarkeit der Produkte zu erhöhen. Die Performance-Daten werden analysiert, um die Kampagnen laufend zu optimieren.
2. **Kundenfeedback einholen:**
   - **Kundenumfragen und Bewertungen:** „EcoHome" führt regelmäßig Umfragen durch und bittet Kunden aktiv um Bewertungen auf den Marktplätzen. Negatives Feedback wird schnell und professionell bearbeitet, um die Kundenzufriedenheit zu erhöhen.
   - **Verbesserungen basierend auf Feedback:** Das gesammelte Feedback wird analysiert und zur Produktverbesserung genutzt. Beispielsweise werden Verpackungen umweltfreundlicher gestaltet und Produktbeschreibungen klarer und detaillierter verfasst.
3. **Social-Media-Marketing:**
   - **Gezielte Kampagnen:** „EcoHome" plant und führt gezielte Social-Media-Kampagnen durch, um die Markenbekanntheit zu steigern und die Präsenz auf den Marktplätzen zu unterstützen. Inhalte wie Tutorials, Kundenbewertungen und Einblicke hinter die Kulissen werden regelmäßig gepostet.
   - **Zusammenarbeit mit Influencern:** Kooperationen mit Influencern, die eine Affinität zu nachhaltigen Produkten haben, werden aufgebaut, um die Reichweite zu erhöhen und die Zielgruppe direkt anzusprechen.
4. **Produktentwicklung:**
   - **Marktforschung und Trendbeobachtungen:** Das Unternehmen führt kontinuierlich Marktforschung durch, um neue Trends und Bedürfnisse der Kunden zu identifizieren. Diese Informationen fließen in die Produktentwicklung ein.
   - **Einführung neuer Produkte:** Basierend auf den Forschungsergebnissen werden neue umweltfreundliche Produkte entwickelt und auf den Marktplätzen eingeführt. Prototypen werden zunächst in kleiner Stückzahl getestet, bevor sie in größeren Mengen produziert werden.

**Messung und Anpassung:**
„EcoHome" implementiert ein umfassendes Monitoring-System, um den Fortschritt der gesetzten Ziele zu verfolgen und bei Bedarf Anpassungen vorzunehmen.

1. **Verkaufsdatenanalyse:**
   - **Regelmäßige Reports:** Monatliche Reports werden erstellt, die die Verkaufszahlen, die Performance der Werbekampagnen und das Kundenfeedback zusammenfassen. Diese Berichte werden im Team besprochen und analysiert.
   - **KPI-Dashboard:** Ein Dashboard mit den wichtigsten Kennzahlen (KPIs) wird eingerichtet, das jederzeit einen Überblick über den aktuellen Stand der Zielerreichung gibt.
2. **Kundenfeedback und Zufriedenheit:**
   - **Bewertungstools:** Tools zur Überwachung der Kundenbewertungen auf Amazon und eBay werden genutzt, um schnell auf negative Bewertungen zu reagieren und Verbesserungen umzusetzen.
   - **NPS (Net Promoter Score):** Der Net Promoter Score wird regelmäßig erhoben, um die Kundenzufriedenheit und -loyalität zu messen.
3. **Social-Media-Analysen:**
   - **Engagement-Metriken:** Die Engagement-Raten auf den Social-Media-Kanälen werden regelmäßig überprüft und analysiert. Posts und Kampagnen mit hoher Reichweite und Interaktionsrate werden als Best Practices identifiziert.
   - **Influencer-Tracking:** Der Erfolg der Influencer-Kampagnen wird anhand der Verkaufszahlen und der Follower-Zuwächse gemessen.
4. **Produktentwicklung:**
   - **Feedback-Schleifen:** Neue Produkte werden nach ihrer Einführung genau überwacht und Feedback-Schleifen eingerichtet, um schnell auf Probleme oder Verbesserungsvorschläge reagieren zu können.
   - **Produkt-Performance:** Die Verkaufszahlen und Kundenbewertungen neuer Produkte werden mit den ursprünglichen Erwartungen verglichen und bei Bedarf Anpassungen vorgenommen.

**Ergebnis:**
Durch die klare Definition und konsequente Verfolgung der gesetzten Ziele kann „EcoHome" seine Verkaufszahlen und die Kundenzufriedenheit signifikant steigern. Die Markenbekanntheit wird durch gezielte Marketingmaßnahmen und

Influencer-Kooperationen erhöht. Die kontinuierliche Anpassung und Verbesserung der Produkte basierend auf Kundenfeedback und Marktforschung ermöglicht es dem Unternehmen, sich in einem wettbewerbsintensiven Markt erfolgreich zu positionieren und langfristig zu wachsen.

# Kannibalisierungseffekte   3

## 3.1 Definition von Kannibalisierungseffekten

Kannibalisierungseffekte treten auf, wenn der Verkauf eines Produkts über einen Kanal die Verkäufe desselben Produkts über einen anderen Kanal negativ beeinflusst. Im Kontext von Online-Marktplätzen und eigenen Online-Shops bedeutet dies, dass potenzielle Verkäufe im eigenen Online-Shop durch die Präsenz auf Plattformen wie Amazon, eBay oder Zalando reduziert werden könnten.

Die Entscheidung, Produkte sowohl auf Online-Marktplätzen als auch im eigenen Online-Shop zu verkaufen, bringt eine komplexe Dynamik mit sich, die als zwei Seiten einer Medaille betrachtet werden kann. Einerseits gibt es klare Vorteile durch die erweiterte Reichweite und Markenpräsenz, andererseits können unerwünschte Kannibalisierungseffekte auftreten, die den Gesamtumsatz und die Markenintegrität beeinträchtigen.

## 3.2 Faktoren, die Kannibalisierungseffekte beeinflussen

- **Kundenüberlappung und -präferenzen:** Das Ausmaß der Kannibalisierung hängt stark davon ab, inwieweit sich die Kundensegmente überlappen und welche Präferenzen diese Kunden haben. Kunden, die besonders die Bequemlichkeit und das Vertrauen großer Plattformen suchen, könnten den eigenen Shop meiden, wenn sie dort nicht dieselbe Erfahrung erwarten.
- **Preisgestaltung:** Unterschiedliche Preispunkte auf verschiedenen Kanälen können Kunden dazu veranlassen, den jeweils günstigeren Kanal zu wählen, was direkte Kannibalisierungseffekte auslöst.

© Der/die Autor(en), exklusiv lizenziert an Springer Fachmedien Wiesbaden   15
GmbH, ein Teil von Springer Nature 2024
A. Mackert, *Erfolgreich auf Online-Marktplätzen*, essentials,
https://doi.org/10.1007/978-3-658-45714-3_3

- **Markenloyalität und -wahrnehmung:** Eine starke Markenidentität kann dazu beitragen, die Kannibalisierung zu reduzieren, indem sie Kunden an den eigenen Shop bindet, selbst wenn das Produkt auch auf Marktplätzen verfügbar ist.
- **Sortiment und Exklusivität:** Die Bereitstellung von exklusiven Produkten oder speziellen Angeboten im eigenen Shop kann Händlern helfen, die Kannibalisierung zu minimieren.
- **Service und Kundenerfahrung:** Ein überlegenes Kundenerlebnis im eigenen Shop, wie bessere Supportleistungen, schnellere Lieferungen oder personalisierte Angebote, kann dazu beitragen, die direkte Konkurrenz durch Marktplätze abzuschwächen.

## 3.3 Strategien zur Minimierung von Kannibalisierungseffekten

- **Differenzierte Produktlinien:** Händler können Kannibalisierung vermeiden, indem sie unterschiedliche Produktlinien oder -varianten auf verschiedenen Kanälen anbieten. Dies ermöglicht es, spezifische Kundensegmente gezielter anzusprechen und die Exklusivität bestimmter Angebote zu bewahren.
- **Loyalitätsprogramme und Kundenbindung:** Durch die Einführung von Loyalitätsprogrammen, die speziell für den eigenen Shop gelten, lassen sich Kunden motivieren, direkt beim Händler zu kaufen. Solche Programme können Rabatte, Bonuspunkte oder spezielle Services umfassen, die nicht auf anderen Plattformen verfügbar sind.
- **Nutzung von Daten und Kundenanalysen:** Ein tiefes Verständnis von Kundenverhalten und -präferenzen, basierend auf Datenanalysen, ermöglicht es Händlern, gezieltere und attraktivere Angebote zu machen. Dies steigert die Attraktivität des eigenen Shops und fördert die direkte Kundeninteraktion.
- **Cross-Channel-Marketing:** Effektives Marketing, das die Vorteile des Kaufs im eigenen Shop herausstellt – wie Exklusivität oder spezielle Rabatte – kann dazu beitragen, den Fokus der Kunden von Marktplätzen weg und hin zum eigenen Shop zu verschieben. Durch eine klare Kommunikation der Unique Selling Points des eigenen Shops wird die Marke gestärkt.
- **Optimierung der User Experience:** Eine überzeugende und benutzerfreundliche Gestaltung des eigenen Online-Shops kann die Kundenpräferenz verstärken, direkt beim Händler zu kaufen, anstatt auf einem Marktplatz. Dies umfasst nicht nur das Design, sondern auch die Funktionalität, Schnelligkeit und die gesamte Einkaufserfahrung.

# 3.4    Schlussfolgerung

Dieses Kapitel verdeutlicht, dass Kannibalisierungseffekte zwischen Online-Marktplätzen und eigenem Online-Shop nicht ignoriert werden dürfen. Sie können jedoch durch strategische Planung und operative Exzellenz minimiert werden. Die Entscheidung über das Ausmaß der Präsenz auf Marktplätzen im Vergleich zum eigenen Shop sollte auf einer sorgfältigen Analyse der Zielkunden, des Wettbewerbs und der eigenen Markenstärke basieren. Letztendlich ist eine ausgewogene Multichannel-Strategie oft der Schlüssel zum Erfolg in der komplexen und wettbewerbsintensiven Landschaft des Online-Handels.

# 3.5    Praxisbeispiel: Kundenüberlappung und -präferenzen

**Szenario:**
Ein Unternehmen namens „Green Gadgets" verkauft nachhaltige Elektronikprodukte. Diese Produkte sind sowohl auf der eigenen Website als auch auf Amazon verfügbar. Die Geschäftsführung bemerkt, dass die Verkäufe auf der eigenen Website zurückgehen, während die Verkäufe auf Amazon steigen.

**Analyse:**

- **Kundenüberlappung und -präferenzen:** Kunden bevorzugen Amazon wegen der Bequemlichkeit und des Vertrauens in die Plattform. Untersuchungen zeigen, dass viele Kunden, die früher direkt auf der „Green Gadgets" Website gekauft haben, nun auf Amazon einkaufen.
- **Preisgestaltung:** Die Preise auf beiden Kanälen sind identisch, was die Kunden dazu veranlasst, den bequemeren Kanal (Amazon) zu wählen.
- **Service und Kundenerfahrung:** Amazon bietet schnellen Versand und einfache Rückgabeprozesse, was Kunden anzieht. Die eigene Website von „Green Gadgets" kann in diesen Bereichen nicht mithalten.

**Maßnahmen:**

1. **Exklusive Angebote:**
   - **Einführung von exklusiven Produkten:** GreenGadgets bietet exklusive Produkte und spezielle Bundles nur auf der eigenen Website an. Diese

Produkte sind auf Amazon nicht verfügbar, um Kunden einen Anreiz zu geben, direkt auf der Website einzukaufen.

- **Exklusive Rabatte und Promotionen:** Regelmäßige exklusive Rabatte und Promotionen nur für die Website-Kunden, um zusätzliche Anreize zu schaffen.

2. **Loyalitätsprogramm:**
   - **Treueprogramm einführen:** Einführung eines Loyalitätsprogramms, das Kunden Anreize bietet, direkt auf der Website zu kaufen. Kunden können Punkte für jeden Kauf sammeln, die gegen Rabatte oder exklusive Produkte eingelöst werden können.
   - **Personalisierte Angebote:** Nutzung von Kundendaten zur Erstellung personalisierter Angebote und Empfehlungen, die nur über den eigenen Online-Shop verfügbar sind.

3. **Verbesserter Kundenservice:**
   - **Erweiterter Kundenservice:** Einführung eines erstklassigen Kundenservices auf der eigenen Website, einschließlich Live-Chat-Support, erweiterten Rückgabebedingungen und schnellem Versand.
   - **Kundenfreundliche Rückgabepolitik:** Verbesserung der Rückgabe Prozesse, um sie so benutzerfreundlich wie möglich zu gestalten, ähnlich wie bei Amazon.

4. **Benutzerfreundlichkeit der Website:**
   - **Website-Optimierung:** Verbesserung der Benutzerfreundlichkeit und des Designs der eigenen Website, um die Navigation und den Kaufprozess zu vereinfachen.
   - **Mobile Optimierung:** Sicherstellung, dass die Website mobilfreundlich ist, um das Einkaufserlebnis auf Smartphones und Tablets zu verbessern.

5. **Marketingstrategien:**
   - **Gezielte Marketingkampagnen:** Entwicklung gezielter Marketingkampagnen, die die Vorteile des Kaufs im eigenen Shop herausstellen. Zum Beispiel könnte eine Kampagne die Exklusivität bestimmter Produkte oder die Teilnahme am Loyalitätsprogramm betonen.
   - **Influencer-Marketing:** Zusammenarbeit mit Influencern, die die Marke und die Vorteile des direkten Einkaufs auf der „Green Gadgets" Webseite hervorheben.

6. **Kundenkommunikation:**
   - **Klarer Kommunikationsplan:** Entwicklung eines klaren Kommunikationsplans, um die Vorteile des Einkaufs auf der eigenen Website hervorzuheben. Dazu gehören E-Mail-Newsletter, Blog-Posts und Social-Media-Beiträge.

- **Kundenerfahrungsberichte:** Nutzung von positiven Kundenerfahrungen und Bewertungen, um das Vertrauen in den eigenen Online-Shop zu stärken.

**Implementierung und Überwachung:**

1. **Verkaufsdatenanalyse:**
   - **Regelmäßige Überwachung:** Monatliche Berichte über Verkaufszahlen auf beiden Kanälen, um die Auswirkungen der Maßnahmen zu bewerten.
   - **Kundensegmentierung:** Analyse der Kundensegmente, um zu verstehen, welche Gruppen auf welchen Kanälen einkaufen und warum.
2. **Feedback-Mechanismen:**
   - **Kundenumfragen:** Regelmäßige Umfragen zur Kundenzufriedenheit und zur Erfassung von Feedback über das Einkaufserlebnis auf beiden Kanälen.
   - **Bewertungen und Rezensionen:** Aktive Sammlung und Analyse von Kundenbewertungen und Rezensionen, um die Stärken und Schwächen der beiden Kanäle zu identifizieren.
3. **KPI-Dashboard:**
   - **Echtzeit-Überwachung:** Einrichtung eines Dashboards zur Echtzeit-Überwachung der wichtigsten Leistungsindikatoren (KPIs), wie Umsatz, Wiederkaufrate und Kundenzufriedenheit.
   - **Reporting und Anpassung:** Regelmäßige Berichterstattung an das Management und Anpassung der Strategien basierend auf den gesammelten Daten.

**Ergebnis:**
Durch die Umsetzung dieser Maßnahmen kann „Green Gadgets" die Kannibalisierungseffekte zwischen Amazon und der eigenen Website minimieren. Die exklusiven Angebote und verbesserten Kundenservice-Leistungen motivieren Kunden, direkt auf der Website einzukaufen. Das Loyalitätsprogramm und die personalisierten Angebote stärken die Kundenbindung. Die optimierte Website und die gezielten Marketingkampagnen verbessern die Benutzererfahrung und steigern die Markenbekanntheit. Insgesamt führt dies zu einer ausgewogenen Multichannel-Strategie, die das Wachstum und den langfristigen Erfolg von „Green Gadgets" sichert.

# Servicestandards

# 4

Online-Marktplätze setzen klare Richtlinien und Standards für Händler, um eine hohe Qualität und Kundenzufriedenheit sicherzustellen. Diese Anforderungen betreffen verschiedene Aspekte wie Produktlistings, Preisgestaltung, Lagerverwaltung, Logistik und Kundenservice. In diesem Kapitel werden die wichtigsten Richtlinien und Service-Standards erläutert, die Händler erfüllen müssen, um auf diesen Plattformen erfolgreich zu sein.

## 4.1 Produktlistings und Beschreibungen

Marktplätze verlangen detaillierte und präzise Produktbeschreibungen, um den Kunden umfassende Informationen zu bieten und die Auffindbarkeit der Produkte zu verbessern. Händler müssen hierbei mehrere Aspekte beachten:

- **Hochwertige Bilder:** Hochwertige Bilder sind entscheidend, um das Vertrauen der Kunden zu gewinnen und fundierte Kaufentscheidungen zu ermöglichen. Produkte sollten aus verschiedenen Blickwinkeln, einschließlich Vorder-, Rück- und Seitenansichten, sowie Detailaufnahmen wichtiger Merkmale fotografiert werden. Bilder müssen in hoher Auflösung vorliegen, um professionell zu wirken.
- **Aussagekräftige Titel:** Ein prägnanter und informativer Produkttitel ist entscheidend für die Auffindbarkeit und Attraktivität eines Produkts. Er sollte das Produkt und seine wichtigsten Merkmale klar beschreiben. Relevante Keywords im Titel verbessern die Auffindbarkeit in der Suchfunktion.

© Der/die Autor(en), exklusiv lizenziert an Springer Fachmedien Wiesbaden GmbH, ein Teil von Springer Nature 2024
A. Mackert, *Erfolgreich auf Online-Marktplätzen*, essentials,
https://doi.org/10.1007/978-3-658-45714-3_4

- **Ausführliche Beschreibungen:** Um die Attraktivität und Auffindbarkeit eines Produkts zu erhöhen, sind ausführliche Beschreibungen und die richtige Nutzung von Stichwörtern und Kategorien entscheidend. Detaillierte Produktinformationen wie Spezifikationen, Materialangaben und Nutzungshinweise sind unerlässlich. Relevante Keywords in der Produktbeschreibung und im Titel erhöhen die Sichtbarkeit in den Suchergebnissen.

## 4.2    Lagerbestand und Verfügbarkeit

Eine effiziente Lagerverwaltung ist entscheidend, um Produktverfügbarkeit sicherzustellen und Lieferverzögerungen zu vermeiden. Händler müssen gewährleisten, dass die Produkte jederzeit verfügbar sind und zeitnah geliefert werden können. Dabei sind verschiedene Aspekte zu beachten:

- **Echtzeit-Überwachung:** Ein System zur Echtzeit-Überwachung der Lagerbestände bietet stets einen Überblick über verfügbare Produkte.
- **Automatische Nachbestellungen:** Automatische Nachbestellungen bei Erreichen eines bestimmten Lagerbestandsniveaus verhindern Engpässe.
- **Nachfrageschwankungen:** Methoden wie Just-in-Time (JIT) oder Economic Order Quantity (EOQ) optimieren die Lagerbestände, minimieren Lagerkosten und gewährleisten eine hohe Verfügbarkeit.
- **Zuverlässige Lieferanten:** Zuverlässige Lieferantenbeziehungen sind wichtig, um eine kontinuierliche und rechtzeitige Versorgung mit Produkten sicherzustellen.
- **Datenanalyse:** Datenanalyse-Tools helfen bei der Vorhersage der Nachfrage, basierend auf historischen Verkaufsdaten und aktuellen Markttrends.
- **Inventuren und Qualitätskontrollen:** Regelmäßige Inventuren überprüfen den aktuellen Lagerbestand und identifizieren Diskrepanzen, während Qualitätskontrollen sicherstellen, dass alle Produkte den Standards entsprechen, bevor sie an Kunden versendet werden.

## 4.3    Logistik und Versand

Eine schnelle und zuverlässige Lieferung ist entscheidend für die Kundenzufriedenheit. Händler müssen dafür sorgen, dass ihre Logistikprozesse effizient und kostengünstig sind, um sowohl die Erwartungen der Kunden als auch die Anforderungen der Marktplätze zu erfüllen.

- **Versandoptionen:** Bieten Sie verschiedene Versandoptionen an, einschließlich Express- und Standardversand, und informieren Sie die Kunden klar über die Versandkosten.
- **Sendungsverfolgung:** Ermöglichen Sie den Kunden, den Status ihrer Bestellung in Echtzeit zu verfolgen.
- **Retourenmanagement:** Ein effizientes Retourenmanagement mit einfachen Rückgabeprozessen und kostenlosen Rücksendungen senkt die Hemmschwelle für den Kauf und erhöht die Kundenzufriedenheit.
- **Logistikpartner:** Arbeiten Sie mit zuverlässigen Logistikpartnern zusammen, um eine pünktliche und sichere Lieferung der Produkte sicherzustellen.
- **Fulfillment-Dienste:** Nutzen Sie Fulfillment-Dienste wie Fulfillment by Amazon (FBA), um die Logistikprozesse auszulagern und von deren Infrastruktur und Expertise zu profitieren.
- **Sichere Verpackung:** Stellen Sie sicher, dass die Produkte sicher verpackt sind, um Transportschäden zu vermeiden. Umweltfreundliche Verpackungsmaterialien fördern zudem die Nachhaltigkeit.
- **Lieferzeiten:** Halten Sie die versprochenen Lieferzeiten ein, um Verzögerungen zu vermeiden und Kundenzufriedenheit zu gewährleisten.
- **Internationaler Versand:** Unterstützen Sie den internationalen Versand, um eine globale Reichweite zu ermöglichen, und klären Sie alle Zoll- und Steueranforderungen im Voraus.

## 4.4  Kundenservice

Exzellenter Kundenservice ist entscheidend für Kundenbindung und positive Bewertungen. Händler müssen sicherstellen, dass ihre Kundenserviceprozesse effizient und kundenorientiert sind.

- **Schnelle Reaktionszeiten:** Kundenanfragen sollten innerhalb von 24 h beantwortet werden, um Vertrauen und Zufriedenheit zu sichern.
- **Automatisierungstools:** Automatisierungstools und KI-gesteuerte Chatbots können häufig gestellte Fragen schnell beantworten und den Kundenservice rund um die Uhr verfügbar machen.
- **Mehrsprachigkeit:** Der Kundenservice sollte in den Sprachen der Zielmärkte angeboten werden, und das Team sollte in kultureller Sensibilität geschult sein.
- **Lösungsorientiertes Arbeiten:** Effiziente Problemlösungen und Kulanz bei Beschwerden fördern die Loyalität. Proaktive Kommunikation bei Problemen gewährleistet Transparenz und erhält das Vertrauen der Kunden.

• **Personalisierter Service:** Individuelle Betreuung und personalisierte Angebote helfen, langfristige Kundenbeziehungen aufzubauen.
• **Feedback-Management:** Zufriedene Kunden sollten ermutigt werden, Bewertungen abzugeben. Die systematische Auswertung von Kundenfeedback hilft, Produkte und Dienstleistungen zu verbessern.

## 4.5  Qualitätssicherung

Die Einhaltung hoher Qualitätsstandards ist unerlässlich, um Kundenzufriedenheit und Marktplatzanforderungen zu erfüllen. Qualitätssicherung betrifft alle Aspekte der Produktentwicklung und -lieferung und muss kontinuierlich überwacht und verbessert werden.

• **Produktkontrollen:** Regelmäßige Produktkontrollen, einschließlich Eingangsprüfungen, In-Prozess-Kontrollen und Endkontrollen, stellen sicher, dass die Produkte den vereinbarten Spezifikationen und Standards entsprechen.
• **Zertifikate und Sicherheitsstandards:** Stellen Sie sicher, dass die Produkte alle relevanten Sicherheits- und Qualitätszertifikate besitzen.
• **Kundenfeedback:** Nutzen Sie Kundenfeedback aktiv, um Probleme zu identifizieren und Verbesserungsmöglichkeiten zu erkennen. Implementieren Sie basierend auf diesem Feedback Korrekturmaßnahmen.
• **Proaktive Kommunikation:** Transparente und proaktive Kommunikation mit den Kunden über Maßnahmen zur Qualitätsverbesserung stärkt das Vertrauen und die Zufriedenheit der Kunden.

## 4.6  Praxisbeispiel: Hochwertige Produktlistings

**Szenario:**
„EcoFashion" ist ein nachhaltiges Modeunternehmen, das seine Produkte auf verschiedenen Online-Marktplätzen wie Amazon und eBay anbietet. Das Unternehmen stellt fest, dass die Produkte auf Amazon eine bessere Sichtbarkeit und höhere Verkaufszahlen haben als auf eBay.

**Analyse und Maßnahmen:**
Um die Produktlistings zu verbessern und eine einheitlich hohe Qualität auf beiden Plattformen zu gewährleisten, werden folgende Maßnahmen ergriffen:

1. Hochwertige Bilder:
   - **Professionelle Produktfotografie:** „EcoFashion" investiert in professionelle Fotografie, um sicherzustellen, dass jedes Kleidungsstück optimal präsentiert wird. Dabei werden verschiedene Blickwinkel (Vorder-, Rück- und Seitenansichten) sowie Detailaufnahmen der Stoffe, Nähte und speziellen Merkmale aufgenommen.
   - **Bildqualität:** Alle Bilder werden in hoher Auflösung bereitgestellt, um eine klare und detaillierte Darstellung der Produkte zu gewährleisten. Dies hilft den Kunden, die Qualität und Beschaffenheit der Produkte besser einschätzen zu können.
   - **Bildbearbeitung:** Nachbearbeitung der Fotos, um Farben und Details hervorzuheben und sicherzustellen, dass die Bilder einheitlich und ansprechend wirken.

2. Aussagekräftige Titel:
   - **Strukturierte Produkttitel:** Die Produkttitel werden so gestaltet, dass sie die wichtigsten Merkmale und Vorteile des Produkts klar hervorheben. Zum Beispiel wird „Damen Bio-Baumwoll-T-Shirt" zu „Damen Bio-Baumwoll-T-Shirt, Kurzarm, Fair Trade, Weiß, Größen XS-XL".
   - **Keywords Optimierung:** Relevante Keywords werden in den Titel integriert, um die Auffindbarkeit in der Suchfunktion zu verbessern. Dies beinhaltet Materialien, Farben, Größen und besondere Eigenschaften des Produkts.

3. **Ausführliche Beschreibungen:**
   - **Detaillierte Produktinformationen:** Die Produktbeschreibungen werden erweitert, um umfassende Informationen zu bieten. Dies umfasst Spezifikationen, Materialangaben, Pflegehinweise, Größeninformationen und Nutzungshinweise.
   - **Storytelling:** Geschichten über die nachhaltige Herstellung und die ethischen Werte hinter den Produkten werden in die Beschreibungen integriert, um eine emotionale Verbindung zu den Kunden herzustellen.
   - **Strukturierte Layouts:** Die Beschreibungen werden klar strukturiert mit Absätzen, Bullet Points und Überschriften, um die Lesbarkeit zu verbessern und die wichtigsten Informationen schnell auffindbar zu machen.

4. **Kategorisierung und Stichwörter:**
   - **Relevante Kategorien:** Die Produkte werden in die relevantesten Kategorien und Unterkategorien eingegliedert, um ihre Auffindbarkeit zu maximieren.

- **Stichwortoptimierung:** Neben den Titel-Keywords werden zusätzliche relevante Stichwörter in den Produktbeschreibungen und den Backend-Keywords der Marktplätze hinterlegt, um die Suchmaschinenoptimierung (SEO) zu verbessern.

5. **Kundenbewertungen und Feedback:**
   - **Bewertungen fördern:** Kunden werden ermutigt, Bewertungen und Feedback zu hinterlassen. Dies kann durch Follow-up-E-Mails und Anreize wie kleine Rabatte auf zukünftige Käufe erfolgen.
   - **Feedback nutzen:** Das Kundenfeedback wird regelmäßig analysiert, um häufige Fragen und Bedenken in die Produktbeschreibungen einfließen zu lassen und die Listings entsprechend anzupassen.

6. **Anpassung an Marktplatz Anforderungen:**
   - **Richtlinien befolgen:** Sicherstellen, dass alle Produktlistings den spezifischen Richtlinien und Anforderungen der jeweiligen Marktplätze entsprechen. Dies umfasst die Einhaltung von Bildgrößen, Formatierungen und weiteren technischen Spezifikationen.
   - **Regelmäßige Aktualisierungen:** Die Produktlistings werden regelmäßig überprüft und aktualisiert, um sicherzustellen, dass sie stets den aktuellen Standards und Trends entsprechen.

**Implementierung und Überwachung:**

1. **Team und Tools:**
   - **Fotografen und Grafikdesigner:** Engagieren von professionellen Fotografen und Grafikdesignern, um hochwertige Bilder zu erstellen und zu bearbeiten.
   - **SEO-Experten:** Zusammenarbeit mit SEO-Experten, um die Keyword-Optimierung und Auffindbarkeit der Produktlistings zu maximieren.
   - **Content-Manager:** Einstellen eines Content-Managers, der für die Erstellung und Pflege der Produktbeschreibungen verantwortlich ist.

2. Monitoring und Analyse:
   - **Verkaufsanalyse:** Regelmäßige Analyse der Verkaufsdaten auf beiden Plattformen, um die Auswirkungen der verbesserten Produktlistings zu bewerten.
   - **KPI-Dashboard:** Einrichtung eines Dashboards zur Überwachung wichtiger Leistungsindikatoren (KPIs) wie Sichtbarkeit, Klickrate und Conversion-Rate.
   - **Feedback-Auswertung:** Systematische Auswertung von Kundenbewertungen und Feedback, um kontinuierliche Verbesserungen vorzunehmen.

3.  **Schulung und Schulungsmaterialien:**
    *   **Mitarbeiterschulungen:** Schulung des internen Teams zu Best Practices für Produktfotografie, SEO und Content-Erstellung.
    *   **Richtlinien und Handbücher:** Erstellung von internen Richtlinien und Handbüchern, die als Referenz für die Erstellung und Pflege von Produktlistings dienen.

**Ergebnis:**

Durch die Umsetzung dieser Maßnahmen verbessert „EcoFashion" die Qualität und Attraktivität der Produktlistings auf Amazon und eBay erheblich. Hochwertige Bilder, aussagekräftige Titel und detaillierte Beschreibungen führen zu einer besseren Sichtbarkeit und höheren Verkaufszahlen auf beiden Plattformen. Kunden fühlen sich besser informiert und sind eher bereit, einen Kauf zu tätigen, was zu einer Steigerung der Kundenzufriedenheit und der Wiederkaufrate führt.

# Kundengewinnung

# 5

Für Händler ist die Kundengewinnung auf Online-Marktplätzen von zentraler Bedeutung, um Umsatz und Marktanteil zu steigern. Durch eine gezielte Strategie können Händler ihre Sichtbarkeit erhöhen, das Vertrauen der Kunden gewinnen und ihre Wettbewerbsfähigkeit verbessern. In diesem Kapitel werden spezifische Maßnahmen und Strategien erläutert, die Händler ergreifen können, um erfolgreich Kunden auf Online-Marktplätzen zu gewinnen.

## 5.1 Hochwertige Produktbilder und Videos

Verwenden Sie mehrere Bilder aus verschiedenen Blickwinkeln, um das Produkt von allen Seiten zu zeigen. Detailaufnahmen heben wichtige Merkmale hervor und lassen keine Fragen offen. Achten Sie darauf, hochauflösende Bilder zu verwenden, denn klare und scharfe Bilder wirken professionell und ansprechend. Verpixelte oder unscharfe Aufnahmen hingegen können potenzielle Käufer abschrecken.

Zeigen Sie das Produkt in einem realistischen Kontext, um dessen Nutzen und Anwendung zu verdeutlichen. Beispielsweise kann ein Kleidungsstück an einem Model präsentiert oder ein Möbelstück in einem möblierten Raum gezeigt werden. Dies hilft dem Kunden, sich das Produkt in seinem eigenen Leben besser vorzustellen.

Ergänzen Sie Ihr Angebot mit Produktvideos. Diese können das Produkt in Aktion zeigen und dessen Funktionen ausführlicher erklären. Ein kurzes Demonstrationsvideo stärkt das Vertrauen der Kunden und kann deren Kaufentscheidung positiv beeinflussen.

© Der/die Autor(en), exklusiv lizenziert an Springer Fachmedien Wiesbaden GmbH, ein Teil von Springer Nature 2024
A. Mackert, *Erfolgreich auf Online-Marktplätzen*, essentials,
https://doi.org/10.1007/978-3-658-45714-3_5

## 5.2 Aussagekräftige Produktbeschreibungen

Geben Sie vollständige und präzise Informationen über das Produkt an, einschließlich Größe, Material, Farbe und besonderen Merkmalen. Kunden möchten genau wissen, was sie kaufen, um Fehlkäufe zu vermeiden. Erklären Sie zudem, wie das Produkt dem Kunden Nutzen bringt und welche Probleme es löst. Konzentrieren Sie sich auf die Vorteile und Anwendungsbereiche des Produkts, um dessen Mehrwert zu verdeutlichen.

Passen Sie den Stil und den Ton der Beschreibung an Ihre Zielgruppe an. Eine technische Beschreibung ist für technische Produkte passend, während ein emotionaler Ansatz für Mode- oder Lifestyle-Produkte besser geeignet sein kann. Dies hilft, eine Verbindung zum Kunden herzustellen und deren Interesse zu wecken.

Vergessen Sie nicht, relevante Keywords in Ihre Produktbeschreibungen zu integrieren, um die Sichtbarkeit in den Suchergebnissen zu erhöhen. Verwenden Sie Keywords, die potenzielle Kunden wahrscheinlich eingeben, wenn sie nach Ihrem Produkt suchen. So stellen Sie sicher, dass Ihr Produkt leicht gefunden wird und Sie mehr potenzielle Käufer erreichen.

## 5.3 Vertrauensbildende Maßnahmen

Falls Ihr Produkt oder Ihr Unternehmen bestimmte Zertifikate oder Auszeichnungen erhalten hat, sollten diese sichtbar auf der Produktseite präsentiert werden. Solche Auszeichnungen stärken das Vertrauen der Kunden und heben die Qualität Ihres Angebots hervor.

Zeigen Sie zudem Kundenbewertungen und Erfahrungsberichte direkt auf der Produktseite an. Positive Feedbacks von anderen Käufern können potenzielle Kunden überzeugen und ihre Kaufentscheidung erleichtern. Echte Erfahrungsberichte schaffen Glaubwürdigkeit und zeigen, dass Ihr Produkt bereits anderen Kunden gefallen hat.

Informieren Sie die Kunden klar über Garantien, Gewährleistungen und Rückgaberechte. Ein transparenter und fairer Umgang mit diesen Themen schafft Vertrauen und zeigt, dass Sie hinter Ihrem Produkt stehen. Kunden schätzen es, wenn sie wissen, dass sie im Falle eines Problems oder einer Unzufriedenheit unkompliziert eine Lösung erhalten können.

## 5.4    Preisgestaltung und Verfügbarkeit

Eine überzeugende Produktpräsentation erfordert auch eine transparente Preisgestaltung sowie klare Informationen zu Lagerbestand und Lieferzeit. Zeigen Sie den Preis des Produkts deutlich und transparent an. Vermeiden Sie versteckte Kosten oder unklare Preisangaben, die das Vertrauen der Kunden untergraben könnten. Kunden schätzen es, wenn sie von Anfang an genau wissen, was sie bezahlen müssen.

Informieren Sie die Kunden zudem über die Verfügbarkeit des Produkts und die geschätzte Lieferzeit. Aktuelle Informationen über Lagerbestände und Lieferzeiten können helfen, Enttäuschungen zu vermeiden und die Kundenzufriedenheit zu erhöhen. Kunden möchten wissen, ob ein Produkt sofort verfügbar ist oder wie lange sie auf ihre Bestellung warten müssen. Dies schafft Vertrauen und erleichtert die Kaufentscheidung.

## 5.5    Analyse der Verkaufsdaten

Analysieren Sie Verkaufsdaten, um die Produkte mit den höchsten Verkaufszahlen zu identifizieren und die Faktoren zu verstehen, die zu ihrem Erfolg beitragen. Diese Erkenntnisse können Ihnen helfen, ähnliche Produkte gezielt zu fördern oder Ihr Sortiment strategisch zu erweitern.

Lesen und analysieren Sie Kundenbewertungen, um zu verstehen, welche Eigenschaften Ihrer Produkte besonders geschätzt werden und wo es Verbesserungspotenzial gibt. Kundenfeedback ist eine wertvolle Informationsquelle, die Ihnen hilft, Ihre Produkte und Dienstleistungen kontinuierlich zu verbessern.

Reagieren Sie schnell auf neue Trends, indem Sie trendige Produkte in Ihr Sortiment aufnehmen. Dies positioniert Ihre Marke als aktuell und relevant und zieht trendbewusste Kunden an. Halten Sie Ihr Sortiment flexibel und anpassungsfähig, um schnell auf Veränderungen im Markt reagieren zu können. Dies kann durch saisonale Produkte, limitierte Editionen oder innovative Produktlinien geschehen.

## 5.6    Wettbewerbsanalyse

Eine Wettbewerbsanalyse ist ein essenzieller Bestandteil der Strategieentwicklung für Händler auf Online-Marktplätzen. Sie hilft dabei, die eigene Marktposition im Vergleich zur Konkurrenz zu verstehen und bietet Einblicke in deren Strategien und Taktiken. Eine gründliche Wettbewerbsanalyse ermöglicht es, Stärken und

Schwächen der eigenen Position zu identifizieren und darauf basierend gezielte Maßnahmen zur Verbesserung der Wettbewerbsfähigkeit zu ergreifen.

Ein wesentlicher Schritt besteht in der Identifizierung der Hauptkonkurrenten, um die größten Spieler im Marktsegment zu erkennen. Dies erfolgt durch die Analyse von Marktplatz-Rankings, Verkaufszahlen und Marktanteilen. Im Anschluss daran gilt es, die Marktpositionierung des eigenen Unternehmens im Vergleich zu diesen Wettbewerbern zu verstehen. Es wird analysiert, welche Nischen oder Marktsegmente das eigene Unternehmen besser oder schlechter bedient.

Eine SWOT-Analyse (Strengths, Weaknesses, Opportunities, Threats) der Konkurrenz ist hierbei hilfreich. Diese Analyse beleuchtet die Stärken und Schwächen der Wettbewerber sowie die Chancen und Bedrohungen, die sich aus deren Marktverhalten ergeben. Dies hilft dabei, eigene Schwächen zu identifizieren und strategische Vorteile auszubauen. Ergänzend dazu wird Benchmarking eingesetzt, um die eigenen Leistungen und Prozesse mit denen der besten Wettbewerber zu vergleichen und Best Practices zu übernehmen.

Weiterhin ist es wichtig, Markttrends und -chancen zu beobachten. Eine Trendanalyse ermöglicht es, aktuelle Trends im Markt zu identifizieren und neue Chancen frühzeitig zu erkennen. Dies kann durch die Analyse von Verkaufsdaten, Konsumentenverhalten und technologischen Entwicklungen erfolgen. Innovationen bieten hierbei besonderes Potenzial, um Wettbewerbsvorteile zu erlangen. Es gilt, Bereiche zu identifizieren, in denen Innovationen den entscheidenden Vorteil verschaffen können, und in entsprechende Entwicklungen zu investieren.

Für das Wettbewerbsmonitoring können Google Alerts und spezialisierte Tools eingesetzt werden, um automatisch über Aktivitäten und Änderungen bei den Wettbewerbern informiert zu werden. Auch die Analyse von Social- Media- Aktivitäten der Konkurrenz bietet wertvolle Einblicke in deren Marketingstrategien und Kundendialoge.

Basierend auf den gewonnenen Erkenntnissen der Wettbewerbsanalyse können gezielte strategische Maßnahmen ergriffen werden. Dazu zählen Produktentwicklungen oder -verbesserungen, um Marktbedürfnisse besser zu erfüllen, sowie die Anpassung der Preisstrategien an die Marktbedingungen und Wettbewerbsaktivitäten, um wettbewerbsfähig zu bleiben. Marketingstrategien sollten Differenzierungsstrategien beinhalten, um sich von der Konkurrenz abzuheben, beispielsweise durch einzigartige Produktmerkmale oder herausragenden Kundenservice. Gezielte Werbekampagnen, die auf die Schwächen der Wettbewerber abzielen und die ihre eigenen Stärken hervorheben, sind ebenfalls ein wichtiger Bestandteil.

Schließlich ist eine kontinuierliche Überwachung der Wettbewerbsanalyse
notwendig. Regelmäßige Bewertungen und Anpassungen der Wettbewerbsanalyse sorgen dafür, stets auf dem neuesten Stand zu bleiben und schnell auf
Marktveränderungen reagieren zu können. Key Performance Indicators (KPIs)
sollten eingesetzt werden, um die Effektivität der Maßnahmen kontinuierlich zu
überwachen und gegebenenfalls anzupassen.

## 5.7  Praxisbeispiel: Datenanalyse

**Szenario:**

„EcoKitchen" verkauft umweltfreundliche Küchengeräte auf verschiedenen
Online-Marktplätzen. Um die Kundengewinnung und Verkaufsstrategien zu optimieren, setzt das Unternehmen auf eine systematische Analyse der Verkaufsdaten
sowie eine gründliche Wettbewerbsanalyse.

**Maßnahmen:**

1. **Verkaufsanalyse:**

EcoKitchen analysiert regelmäßig die Verkaufsdaten, um Bestseller zu identifizieren. Hierbei wird der Umsatz, die Anzahl der verkauften Einheiten und das
Verhältnis von Aufrufen zu Käufen untersucht. Diese Daten helfen, die Erfolgs-
faktoren der Bestseller zu verstehen, sei es die Materialien, Funktionen oder der
Preis. Durch diese Erkenntnisse kann EcoKitchen ähnliche Produkte fördern und
das Sortiment gezielt erweitern. Auch saisonale Trends werden analysiert, um zu
verstehen, wann bestimmte Produkte am beliebtesten sind. Dies ermöglicht eine
gezielte Vorbereitung auf Hochsaison und eine optimierte Lagerhaltung.

2. **Kundenbewertungen analysieren:**

Kundenbewertungen und -rezensionen werden systematisch ausgewertet, um Einblicke in die Kundenzufriedenheit zu erhalten. Positive Bewertungen helfen,
erfolgreiche Produktmerkmale zu identifizieren, während negative Bewertungen Schwachstellen und Verbesserungspotenziale aufzeigen. Häufige Fragen
und Probleme aus den Bewertungen fließen in die Produktbeschreibungen ein,
um zukünftigen Kunden eine bessere Entscheidungshilfe zu bieten und Sup-
portanfragen zu reduzieren. Basierend auf dem Feedback werden konkrete

Produktverbesserungen, wie eine verbesserte Materialqualität oder eine klarere Bedienungsanleitung, umgesetzt.

3.  **Trendidentifikation:**

EcoKitchen überwacht aktuelle Marktentwicklungen und Trends im Bereich umweltfreundlicher Küchengeräte. Neue Technologien oder Designs werden identifiziert und in das Produktsortiment aufgenommen, um die Relevanz und Attraktivität der Marke zu erhöhen. Zudem werden die Verkaufsdaten mit denen der Wettbewerber verglichen, um erfolgreiche Produkte und Strategien der Konkurrenz zu erkennen und Marktchancen zu nutzen. Ein flexibles System ermöglicht eine schnelle Anpassung des Sortiments, sodass bei Erkennung neuer Trends sofort passende Produkte angeboten werden können.

4.  **Wettbewerbsanalyse:**

EcoKitchen identifiziert die größten Spieler im Marktsegment für umweltfreundliche Küchengeräte. Dies erfolgt durch die Analyse von Marktplatz-Rankings, Verkaufszahlen und Marktanteilen. EcoKitchen analysiert, wie das Unternehmen im Vergleich zu den Wettbewerbern positioniert ist. Dabei wird untersucht, welche Nischen oder Marktsegmente besser oder schlechter bedient werden.

EcoKitchen führt eine SWOT-Analyse durch, um die Stärken und Schwächen der Wettbewerber sowie die Chancen und Bedrohungen durch deren Marktverhalten zu analysieren. Diese Erkenntnisse helfen, eigene Schwächen zu identifizieren und strategische Vorteile auszubauen.

Die Leistungen und Prozesse von EcoKitchen werden mit denen der besten Wettbewerber verglichen, um Best Practices zu identifizieren und zu übernehmen.

5.  **Automatisierung und Tools:**

EcoKitchen setzt moderne Datenanalyse-Tools ein, die eine effiziente und genaue Auswertung der Verkaufsdaten ermöglichen. Diese Tools bieten Dashboards, die Echtzeit-Einblicke in Verkaufszahlen, Kundenverhalten und Markttrends ermöglichen. Automatisierte Berichte werden regelmäßig erstellt und an das Management-Team gesendet, um fundierte Entscheidungen zu unterstützen.

**Implementierung und Überwachung:**

**1. Team und Verantwortlichkeiten:**

Ein Team von Datenanalysten wird eingesetzt, um die Verkaufsdaten systematisch zu überwachen und auszuwerten. Diese Experten sind verantwortlich für die Erstellung von Berichten und die Identifizierung von Trends. Produktmanager nutzen die gewonnenen Erkenntnisse, um das Produktsortiment zu optimieren und neue Produkte zu entwickeln. Sie arbeiten eng mit den Datenanalysten zusammen, um die Marktbedürfnisse zu verstehen und entsprechende Maßnahmen zu ergreifen.

**2. KPI-Dashboard:**

Ein Dashboard zur Echtzeit-Überwachung der wichtigsten Leistungsindikatoren (KPIs) wie Umsatz, Click-Through-Rate, Retourenquote und Kundenzufriedenheit wird eingerichtet. Dieses Dashboard ermöglicht es dem Management, schnell auf Veränderungen im Markt zu reagieren. Regelmäßige Berichterstattung an das Managementteam und Anpassung der Strategien basierend auf den gesammelten Daten gewährleisten eine kontinuierliche Optimierung.

**3. Feedbackmechanismen:**

Regelmäßige Kundenumfragen zur Kundenzufriedenheit und zur Erfassung von Feedback über das Einkaufserlebnis auf den Online-Marktplätzen liefern wertvolle Informationen für die kontinuierliche Verbesserung der Produkte und Dienstleistungen. Interne Meetings mit dem Vertriebsteam und dem Kundenservice helfen, ein umfassendes Bild der Kundenbedürfnisse und Markttrends zu erhalten.

**Ergebnis:**
Durch die systematische Analyse der Verkaufsdaten, Kundenbewertungen und Wettbewerbsstrategien kann „EcoKitchen" gezielte Maßnahmen ergreifen, um die Kundengewinnung und -bindung zu verbessern. Die Identifizierung von Bestsellern und die Analyse von Kundenfeedback ermöglichen eine kontinuierliche Optimierung des Produktsortiments. Die schnelle Reaktion auf Markttrends und die Personalisierung der Marketingkampagnen erhöhen die Relevanz und Attraktivität der Marke. Insgesamt führt dies zu einer höheren Kundenzufriedenheit, steigenden Verkaufszahlen und einem nachhaltigen Wachstum des Unternehmens.

# Was Sie aus diesem *essential* mitnehmen können

- **Entwicklung einer klaren Strategie:** Eine durchdachte Marktplatz-Strategie ist entscheidend für den Erfolg und die Rentabilität Ihres Unternehmens.
- **Flexibilität und Anpassungsfähigkeit:** Die Fähigkeit, schnell auf Marktveränderungen zu reagieren und Strategien anzupassen, ist von größter Bedeutung.
- **Planung internationaler Expansion:** Die Erschließung neuer Märkte bietet erhebliche Wachstumschancen, erfordert jedoch eine sorgfältige Anpassung an lokale Bedingungen und Vorschriften.
- **Datengetriebene Entscheidungsfindung:** Nutzen Sie kontinuierlich Verkaufsdaten und Kundenfeedback, um fundierte Entscheidungen zu treffen und Ihre Strategien zu optimieren.
- **Hochwertige Produktpräsentation:** Detailreiche Beschreibungen und hochwertige Bilder sind entscheidend, um die Sichtbarkeit und Attraktivität Ihrer Produkte zu steigern.
- **Effiziente Lagerverwaltung und Logistik:** Eine zuverlässige Lagerhaltung und schnelle Lieferprozesse sind essenziell für eine hohe Kundenzufriedenheit.
- **Vertrauensbildung bei Kunden:** Positive Bewertungen, transparente Rückgaberechte und klare Preisgestaltung fördern das Vertrauen der Kunden und erhöhen die Kaufbereitschaft.
- **Minimierung von Kannibalisierungseffekten:** Differenzierte Produktangebote und exklusive Vorteile im eigenen Online-Shop können helfen, negative Effekte durch den Verkauf auf mehreren Kanälen zu reduzieren.

A. Mackert, *Erfolgreich auf Online-Marktplätzen*, essentials, https://doi.org/10.1007/978-3-658-45714-3

# Schlusswort

Herzlichen Glückwunsch! Sie haben dieses *essentials* bis zum Ende durchgearbeitet. Die Lektionen, die Sie aus den Kapiteln gezogen haben, sollen Ihnen helfen, sich grundlegend Gedanken zu machen, ob der Vertrieb über Online- Marktplätze für Sie sinnvoll ist, und wie sich in einem ständig wandelnden Umfeld zurechtfinden.

Denken Sie daran, dass Flexibilität und Anpassungsfähigkeit Ihre stärksten Verbündeten sind. Die Fähigkeit, auf Veränderungen im Markt schnell zu reagieren und Ihre Strategien entsprechend anzupassen, wird Ihnen helfen, einen Wettbewerbsvorteil zu erlangen. Die Welt der Online-Marktplätze ist schnelllebig und anspruchsvoll, aber sie belohnt diejenigen, die bereit sind, ständig zu lernen und sich weiterzuentwickeln. Bieten Sie Ihren Kunden außergewöhnliche Erfahrungen, und sie werden Ihnen mit Loyalität und positiven Empfehlungen danken.

Lassen Sie sich von den Herausforderungen nicht entmutigen. Jeder Rückschlag ist eine Gelegenheit, zu lernen und zu wachsen.

Mögen Ihre Anstrengungen belohnt werden und Ihr Geschäft florieren.

Viel Erfolg und alles Gute!

© Der/die Herausgeber bzw. der/die Autor(en), exklusiv lizenziert an Springer Fachmedien Wiesbaden GmbH, ein Teil von Springer Nature 2024
A. Mackert, *Erfolgreich auf Online-Marktplätzen*, essentials,
https://doi.org/10.1007/978-3-658-45714-3

# Weiterführende Literatur

„The Role of Digital Platforms in the Global Economy" von Michael Cusumano, Annabelle Gawer und David Yoffie (Jahr 2021, MIT Press Verlag)

„Network Effects and the Dynamics of Platform Competition: A Study of the Market for Mobile Payment Platforms" von Andrei Hagiu und Julian Wright (Jahr: 2021, RAND Journal of Economics, Volume 54, Issue 4)

„Online Marketplace Trends: 2022 and Beyond" von Statista (Jahr: 2022, Hamburg, Deutschland)

„The Future of Marketplaces" von McKinsey & Company (Jahr 2021, New York, USA)

„State of Online Marketplaces" von Marketplace Pulse (Jahr 2020, New York, USA)

„Platform Revolution: How Networked Markets Are Transforming the Economy and How to Make Them Work for You" von Geoffrey G. Parker, Marshall W. Van Alstyne und Sangeet Paul Choudary (Jahr: 2016, W. W. Norton & Company)

„Matchmakers: The New Economics of Multisided Platforms" von David S. Evans und Richard Schmalensee (Jahr 2016, Business Review Press Verlag)

„The Sharing Economy: The End of Employment and the Rise of Crowd-Based Capitalism" von Arun Sundararajan (Jahr 2016, MIT Press Verlag)

„Platform Ecosystems: Aligning Architecture, Governance, and Strategy" von Amrit Tiwana (Jahr: 2013, Morgan Kaufmann Verlag)

„The Impact of Marketplaces on Retail Competition" von Avi Goldfarb und Catherine Tucker (Jahr 2013, University of Chicago Press)

„The Economics of Multi-Sided Platforms" von Jean-Charles Rochet und Jean Tirole (Jahr 2003, Journal of the European Economic Association, Volume 1, Issue 4)

Printed in the USA
CPSIA information can be obtained
at www.ICGtesting.com
CBHW071918260824
13724CB00005B/238